なぜか好かれる人の話し方

なぜか嫌われる人の話し方

ディスカヴァー・コミュニケーション・ラボラトリー◉編

Discover
ディスカヴァー

はじめに

誰かと話していて、カチンとくることがよくあります。すーっとさびしさが広がることもあります。それらは、たいていは、相手のほんのちょっとした「ひとこと」であったり、口調であったりするものですから、とりあえずは、なかったこと、気づかなかったことにして、そのまま会話を続けます。

しかし、その場で感じた、ざらざらとした感じ、ちくちくとした感じは、決して消えてなくなるわけではありません。小さな仕返しの気持ちが、深く静かに潜行していくのを感じます。そして、事実、あるときそれは、目にも明らかなトラブルとして現れます。夫婦や親子のそれは、修復がむずかしいほどの諍いであり、友人間のそれは、裏切りであり、仕事上のそれは、業務上のさまざまな支障、争いごとです。

わたしたちがかかえる、いわゆる「人間関係の問題」は、それがどんなに複雑で、根の深い、解決のむずかしいものであったとしても、その発端は、ちょっとした「ひとこと」、そのひとことに対する、ささやかな仕返しとしての、ちょっとした「言い方」の問題ではなかったのでしょうか。

世の中には、なぜか、その人といるといい気持ちになるので、自然に人がまわりに集まる人もいれば、悪い人ではない、それどころか、本当は人一倍相手のことを考えているのに、なぜかあまり好かれない人がいます。本人に悪気はないのはわかっているのだけれど、いっしょにいてあまり楽しくない人です。その違いは、このちょっとした「言い方」によるところが大きいのです。

本書は、こうした、ちょっとした「ひとこと」をあげたものです。明らかに相手をおとしめるためにつかわれる言い回しは排除し、本人は気づかぬうちに、相手の反感を買ってしまいがちなことばだけを集めました。つまり、「なぜか好かれない人の話し方」というのは、「誤解されやすいものの言い方」でもあります。ですから、特別なことを言わなくても、ここであげたような言い方をあらためるだけで、「なぜか好かれる人の話し方」ができるようになる、というわけです。

とはいえ、本書をお読みになれば、何気ないひとことといえども、そこには必ず、なんらかの「意図」が働いているということ、相手があなたのことばを「誤解」するのではなく、自分が自分の意図を「誤解」していることのほうが多いことにお気づきになることでしょう。このことを強調するために、本書では、一つひとつのことばの裏にあるメッセージ、それを発してしまう隠れた動機や、相手に伝わっているものについて、少しくどいくらいに説明しています。それが、類書との大きな違いです。それに気づいたとき、ことさら、「この言い方はやめよう」などといちいち意識しなくても、自然に、相手の状況や気持ちに配慮する「なぜか好かれる人の話し方」ができるようになるはずです。

ですから、本書を、ことばづかいのハンドブックとして、ここにあげた言い方を慎むべきことばとして記憶したり、こうしたことばを用いる相手を非難する材料としておつかいくださってもいいのですが、その「ひとこと」を言わねばならない相手の事情と、自分自身の隠された願いを知り、互いに理解し合うことの一助となれば、これほどうれしいことはありません。

なお、本書は、現在、わが国におけるコーチングの第一人者である伊藤守氏が主宰していた『コミュニケーション・ラボ』での実践・研究を基に小社で一九九六年に出版した『そのひとことで、誤解されている』を、小社でのコミュニケーション研修ならびに教材開発での経験を加え、改訂・復刊したものでもあります。

コミュニケーションの問題は、時代を超えて、個人にとって常に切実な人生の質を左右する重要な課題であると同時に、企業、組織にとっても、生産性を左右し、組織の将来を決定する大きな要因であることをあらためて感じます。その意味で、本書は、管理職の方やグループのリーダーの方、きめの細かい社員教育を必要とされている方にも、お役立ていただければうれしく思います。

二〇〇七年秋

ディスカヴァー・コミュニケーション・ラボラトリー

干場弓子

なぜか好かれる人の話し方
なぜか嫌われる人の話し方

目次

scene 1

同僚・友人・家族など一般に

scene 2

目上の人から目下の人へ

scene 3

目下の人から目上の人へ

scene **4**

夫婦・家族の間で

scene1

同僚・友人・家族など一般に

01 何か言われたら、すぐ、「わかっているよ」「知ってるよ」と答える

人が何か言ってきたとき、こう答えれば、相手は、十中八九、不快になります。「はい、わかっています」と、丁寧に答えても同じこと。相手に伝わるのは、あなたが、そのことについて、すでにわかっている、知っているということではなくて、「うるさい。もう、それ以上、話すな！」ということだからです。

もし相手が、あなたの意図通り、「わたしは、よくできる人間です。だから、わたしのことを認めてください」という意味に受け取ったとしても、やはり、多くの人が不快になります。「わたしは、よくできる人間です」ということは、つまりは「あなたよりよくできる」ということだからです。つまり、相手との間の**「違い」**を強調することだからです。

この「違い」というのは、コミュニケーションにおける重要なキーワードのひとつです。

一般に、人と協調したいときの基本は、**「相手と同じところを見つける」**ことで、人と対立したいときの基本は、**「相手との違いを見つける」**ことです。

これは、一対一のコミュニケーションから国と国との外交まで、すべてに共通するコミュニケーションの原則です。この「わかっているよ」という表現は、その原則から見ると、本人がどういうつもりであれ、後者、すなわち相手との違いを強調する表現なのです。

では、どうして、わたしたちは、このような相手と自分の間を分断する表現をわざわざしてしまうのでしょうか？

それには、コミュニケーションのもうひとつのキーワード、**「比較」**と**「競争」**というのをあげる必要があるでしょう。

知らず知らずのうちに、わたしたちは、自分を自分以外の人と「比較」します。そして、競争します。この場合の競争は、勝つことよりも、むしろ「負けないようにする」ことです。「知らない」というのは、知っていることよりも負けている状態になりますので、負けないためには、「そんなこと、わかっているよ」と言わなければならないのです。

では、なんのために、相手に負けないようにしなければならないのでしょうか？

それは、そうしないと相手に自分を受け入れてもらえないとどこかで思っているからです。自分が優れているところを見せて、相手に受け入れてもらおうとするわけです。

でも、少し考えれば、もし目的が相手に受け入れられることだとしたら、この方法は、賢い戦略ではないことがおわかりでしょう。先にお話ししたように、**相手に受け入れられるには、相手との違いではなく、相手と同じであることを強調するのが大原則**だからです。

したがって、もし、あなたが、これらの表現を、相手の話に対するただの相づちとしてつかっているのなら、すぐにあらためたほうがよいでしょう。もし、「わたしは、あなたなんかと話したくないので、向こうへ行ってください」、あるいは、「わたしは、あなたより優れています。好きにならなくてもいいから、一目置いてください」ということを相手に伝えることが目的なら、結構ですが……。

02 「つまり、○○ということだろう？」「要するに、○○なんだね」などと相手の話を要約する

誰でも、自分の話を勝手に要約し、**一般化**してほしくないと思っています。丸ごと聞いて、受け入れてほしいと思っています。自分の言うことは、一般論でまとめることのできない、特別なことだと思っていますから。たまに、自分ではうまく言えなかったことを相手が上手にまとめてくれて、感謝することもありますが、それは、あくまでも例外です。

にもかかわらず、「つまり」「要するに」と、いつも相手の話を要約しないではいられない人は少なくないようです。特に、頭がよいと自負している人に多いようです。つまり、これも、相手を受け入れることより、自分の優秀さをアピールすることを優先させている結果なのですが、そうまでして、**自分の優秀さをアピールしないではいられない**のはどうしてかというと、やはり、そうすることによって、自分を認め、受け入れてほしいからなのでしょう。もちろん、人は、話を要約してほしいとき以外は寄ってこなくなります。

03 相手の勧めやもてなしに対し、「あれもよかったよ」「あそこもよかったよ」と別のもののことを話す

たとえば、「これ、おもしろかったよ」などと、本や映画を勧めると、それについて、よく聞きもせず、「あれもよかったよ」などと、別の本や映画のことを話す人がいます。それで、話を合わせているつもりだから驚きです。相手の勧めに対し、別のものを勧め返すというのは、相手の勧めを断る効果的な方法だというのに。

ましてや、人に食事をごちそうになっていながら、別のところで食べた料理がいかにおいしかったかを話したりするのは、これはもう、失礼なヤツと嫌われても、弁解の余地はありません。

こうした表現も、基本的には、前の01と同じです。知らないうちに、相手との違いを強調し、競争してしまっているのです。

自分の提案や勧めがまともにとりあげられないとき、人は、いともたやすく孤立感や無力感に陥ります。相手が何か勧めているのに対し、別のものの話をするということは、「わたしは、あなたの勧めるものには興味がありません」、つまり、「わたしは、あなたに興味がありません」という意味です。あるいは、「わたしは、あなたの言うことを信頼していません」、つまり、「わたしは、あなたを信頼していません」ということです。

いずれにしろ、「わたしは、あなたを受け入れません」という、相手を孤立させるメッセージなのです。

たとえ、あなたが、相手に話を合わせるつもりで、あるいは、「自分もあなたと同等に、いいものを知っている、できるやつだ、だから仲よくしてね」ということをアピールしたいがために、つい、「あれもよかったよ」「あそこもよかったよ」などと言っているつもりだとしても、相手に伝わるメッセージは、まったく逆の「拒絶」になってしまうということは覚えておいたほうがよいでしょう。

04 「ところでさ」「それより」などと、勝手に話題を変える

これらのことばの基本的なメカニズムは、前項の「あれもよかったよ」と同じ。相手の話をいったん受け止めることなく、勝手に別の話題に変えることで、「あなたの話には興味ありません」、もしくは「あなたの話はおもしろくありません」、つまり、「あなたには興味がありません」「あなたの話は聞きたくありません」、とどのつまりが、「わたしはあなたを受け入れません」というメッセージを伝えます。

これもまた、自分では、そんなつもりはまったくなくて、ただ、会話を弾ませているつもり、会話のキャッチボールができているつもりの人が多いようですから困ります。

けれども、キャッチボールというのは、相手のボールをいったん受け止めてから返すもの。相手の話に、ろくに答えもせず、勝手に話題を変えるのは、相手にすれば、野球のボー

ルを投げたら、サッカーボールが戻ってきたようなものです。話したほうは、「わたしが話していた、あの話は、どこへ行ったの？」と宙ぶらりんの状態になります。そして、その宙ぶらりんの状態もまた、**孤立感**を味わうのに十分なものです。

ですから、もし、あなたに内心含むところがあって、相手に小さな復讐をしたいと思っているときには、相手の話を無視して、「ところでさ」と勝手に話題を変えるのは、有効な方法となるでしょう。また、自分の話題にもっていって、自分の優位性を示すのにも、有効な方法となります。

実際、相手の話を聞いてばかりいると、自分がなくなってしまうような不安に陥り、そうなってはならじと焦って、話題を変えようとしている場合が多いようです。つまり、相手に脅かされることから自分を守るのに必死で、まさか、自分が相手を脅かしているとは気がついていないのです。

いずれの場合も、あなたのエゴとプライドは、満足させられますが、あなたが満足させられた分、相手のエゴとプライドは傷つきます。傷つけられた分、今度は相手が、あなたに**小さな復讐**を誓います。

もちろん、わたしたちのまわりには、しょうもない話を延々と続ける人も少なくありませんから、そういう人を黙らせるには、「それより」などと言って、話題を変えるのは、よい方法でしょう。

05 「ああ、あれね」とつまらなそうに言う

言うまでもなく、「いまごろ、なに、つまんないこと言ってるの」「あなたはつまらない人だ」というような意味です。相手が、不愉快になるのは、誰でも知っていますが、それでも、こういう答え方をついしてしまうのは、やはり、相手を受け入れるよりは、**「わたしのほうが、あなたより、よく知っている」ということをアピールする**ことのほうを優先させているからでしょう。

ただし、相手を傷つけまいと、知っていることでも、「まあ、そう!?」などと感心してみせると、勝ったつもりになって、こちらの足元を見るような態度にでる輩も少なくありませんから、そうした場合に、あえて、相手を不快にさせるのを承知で言うのでしたら、それはそれで、戦略的には正しいと言えます。

06 相手の話を「でも」「っていうか」などと否定、もしくは言い換える

大筋、相手と話が合っていても、とりあえず、「っていうか」と言って、自分のことばで言い換えたり、小さな矛盾も見逃さず、「でも」と反論したりするのも、「気がついたら、まわりに誰もいなくなっていた、どうして?」と孤立感を味わう人に、よく見られます。

たいていは、それほど深い意味はなく、習慣的な口癖となっているようです。それだけに、相手に与えるダメージは大きく、深い。なにしろ、相手は、毎回、少しずつ、「あなたの言うことは不完全だ」「あなたは不完全だ」「あなたはわたしより劣っている」と言われ続けることになるのですから。

相手の素直な「関わりたい、話したい、いいこと思いつきました」という気持ちは、次第に失われ、「どうせ、あなたは自分がいちばん正しいと思っているんでしょう? じゃあ、自分でやれば」と、あなたから離れていくことになります。

まあ、まさにそれは、あなたが、心の底で表現したかったこと、つまり、「わたしは正しい。あなたよりも」ということを、相手が正しく受け止めた、という点では、意図が意図通り伝わったということになるわけですが。

でも、もし、あなたの意図が相手と一体感をもっていくことだとしたら、何度も言うように、小さな違いではなくて、大きな共通点に目を向けていくのが、原則です。

07 相手がおもしろそうに話してきたことに対し、「そんなこと、みんな知ってるよ」と答える

相手の出鼻をくじくというか、盛り上がっているのを、一気に興ざめさせるのが、「そんなの」とか「みんな」といった表現です。これらのことばが相手に伝えるのは、「あなたの言うことは平凡だ」、そして、「あなたは、陳腐な人です」というメッセージです。

この**「陳腐化」「一般化」**というのは、これまでにあげた**「競争」**や**「比較」**、**「差別化」（違いをつくる）**と同様、コミュニケーションにおいて無意識のうちに交わされがちな、典型的なネガティヴ・メッセージのひとつです。

なぜだかわからないけれど、いつも、こういう言い方をして、まわりの人から敬遠されている人が、たいていグループにひとりかふたりいるものです。多分、相手をおとしめるつもりは毛頭なくて、これもただ、自分の優秀性をアピールしたいだけのことだと思われます。

　また、会社などの公の席では、そんなふうには言わない人も、家庭で、配偶者や子ども、親などには平気で言っていたりします。配偶者の場合、相手の歓心を買おうと必死だった恋愛時代には、相手のどんなつまらない話にも、いちいち感心したり、うれしがって聞いていたものと思われますが（つまり、男性に多いように思います）。

　この場合、相手に伝わるのは、「うるさい。くだらないおしゃべりは止めてくれ」ということです。そして、望み通り、家庭から次第に会話が減少するようです。

　おそらく、本人も気づいていない、ほんとうの望みとは、「ぼくは、優秀な人です。会社では、とても偉いんです。だから、もっと、ぼくのことを尊敬してください。大事にしてください」ということを伝えることなのでしょうが、もちろん、そんなことが伝わらないのは言うまでもありません。

08 相手の話に対し、「それは、こういうことだよ」と教えを垂れる

人は、自分の話を評価してほしくて話しているわけではありません。にもかかわらず、相手が何か言ってきたら、それはこういうことだと、できるだけ正しい答えを提示しなければならないという間違った思い込みにとらわれている人が少なくないようです。

「正しさ」に対するこだわりというのも、わたしたちが陥りがちなコミュニケーションの罠です。

多くの場合、人は、正しいことを教えてあげれば相手は感謝すると考えがちですが、日常の会話では、話し手はただ、話を聞いてもらいたい、共感してもらいたい、勇気づけてほしいと思っているだけで、別に、相手に正しい評価をしてもらいたいと思っているわけではありません。

正しさが求められるビジネスや研究の議論ならともかく、相手に対するアドバイスだと

したら、余計なお世話というものです。もし、「わたしは優れている」ということを伝えたいのなら、有効な方法かもしれませんが、相手の役に立ちたいと思っているのなら、思うような感謝が得られず、腹立たしく思うだけでしょう。

さらに言えば、たとえ、ビジネスの議論であったとしても、相手の意見が、正しく、反論の余地のないものであればあるほど、人は不快になるということを前提に、話し方に配慮するのが、賢人の知恵というものです。

09 「だって」「それは」と、聞かれてもいないのに弁解する

別に、その人を責めているわけではないのに、ちょっとネガティヴなことを言うと必ず、「だって」「それは」などと弁解する人がいます。単に、「わたしを責めないでね」と、ひたすら自分を守ろうとしているだけなのでしょうが、言われる側としてはいい気持ちがしません。

なぜなら、「責めないでね」ということは、すなわち、「あなたはわたしを責めようとしています。つまり、わたしは被害者、あなたは加害者です」ということなのですから。

突然、加害者にされて、気分のいい人はいません。で、その人に対して、嫌な感情をもちます。かくして、「だって」「それは」と自分から勝手に被害者の立場をとる人は、ほんとうの被害者（つまり、なぜか好かれない）となっていくわけです。

⑩ 何かと言うと、「どうせ」と、悲観的なことを言う

一般には、中途半端に頭のいい人や頭のいいふりをしたい人に好んでつかわれることばです。**悲観的**なこと、**批判的**なことを言うほうが、頭がよく見えるという誤った思い込みがあるからでしょうか。

「どうせ、世の中、不公平なものなんだよ」「どうせ、要領のいいヤツだけが得するようにできているんだ」「どうせ、むだだよ」「どうせ、わたしなんか」……これらのことばは、直接、話している相手を非難するものではありませんが、多くの場合、相手を不快にさせます。聞かされている相手は、暗い気分に巻き込まれてしまうからです。

もちろん、相手が、負けじ劣らじ、「どうせ」と世をすねることが大好きな人の場合は、意気投合して、仲良くなることもあります。でも、この場合も、いずれ、どちらかの人生

がうまくいき始めたときに、足を引っ張り合うことになりますから、長続きはしないでしょう。

「どうせ」ということばから、ふつうの健全な人が受け取るメッセージは、「楽観的なことを考えていると、ひどい目に遭うぞ」という**「脅し」**であり、「おまえは、脳天気なヤツだ」というういわれのない**「非難」**です。たとえ、そのことばの奥に、「ぼくは世の中をよく知っている。でも、誰もわかってくれないから、どうか、ぼくを認めてください」というメッセージがこめられているのだとしても。

⑪相手が話し終わる前に、「ふーん」「そう」と相づちを打つ

もし、あなたが相手を不愉快にさせたい、つまり、暗に、「嫌いなんだ」「きみの話は、もうこれ以上聞きたくないんだ」ということを伝えたいのなら、特別なことを言う必要はありません。ただ、相手が話し終わるほんのひと呼吸前に、「ふーん」「そう」と相づちを打てばいいのです。

ただ、それだけで、多くの人は、「自分の話は最後まで聞かれない」、つまり、「わたしは、聞かれない」、つまり、「わたしは受け入れられていない」と感じることができます。

それが、単なるあなたのせっかちさや頭の回転の速さゆえ、あるいは逆に、頭の回転が速いように見せておきたいという劣等感の裏返しの表現だったとしても。

⓬「はあ?」「ええっ?」と大きな声で不審そうに聞き返す

たとえ純粋に、「よくわからなかったので、もう一度言ってください」という気持ちをこめて、「はあ?」とか「ええっ?」と言うのであったとしても、その口調によっては、相手は、「まさか、そんなつまらないこと、わたしの聞き間違えじゃないよね」とか「あなたの説には、同意できません」という**「否定」**や**「疑い」**、**「不審」**、あるいは、「あなたの説明が悪い。もっとわたしにわかるように言いなさい」という指示を受け取ります。

ですから、目下の人が目上の人にこのように言うと、言われた目上の人は、その指示や疑いのメッセージに、「なんだ、こいつ、この偉そうな態度は?」と感じるわけです。

いずれにしろ、聞き直されると、ただそれだけで、相手は、「疑われている」と感じるものです。実際、聞き直すふりをしながら、相手に、あえて不審を表明することもあります。誤解されたくなかったら、聞き直すときには、細心の注意が必要だということです。

⑬「ええ」「まあ」「そのうち」などと言うだけで、それ以上、何も答えない

これらは、よくない表現というわけではなく、一般には、「答えたくない」ということを婉曲的に伝えるためのことばです。つまり、他人に対して、相手を傷つけずにお断りするときの言い方です。それを知らずに、多用すると、「なんでも断る人」「はっきりしない人」という印象を相手に与えます。

さらに、これらは、基本的には、その場限りのつき合いの他人行儀なことばですので、親しい人に対してつかうと、「わたしはあなたとそれほど親しくはありません」という**「距離」を表明するメッセージ**ともなります。ですから、こうしたことばをいつもつかっていながら、打ち解けられる人がいないと嘆くのは、筋違いというものです。

もちろん、ビジネスの場で、部下が上司に言うことばではありません。上司が部下につかいすぎても、不信感を生じさせる結果となります。

⓮ 「そうかなあ」「そうなのぉ？」と疑うように言うだけで、同意も反対もしない

同意も反対もしないというのは、たとえ、相手の意見に同意できないことを、相手に気をつかって婉曲的に伝えているつもりだとしても、相手に伝わるのは、「あなたの意見には賛成できません。だからといって、わたしの意見をあなたに言うつもりもありません」というメッセージです。

さらに、相手が反対の理由や自分の意見をはっきり言わない限り、言われた側は、それに対して反論することも賛成することもできないわけですから、これらの言い方が相手に伝えるもうひとつのメッセージは、**「あなたがなんと言おうと勝手ですが、わたしは、わたしの意見を変えるつもりはありません」**となります。

多分、本人には、そんな大それた思いはなくて、ただ、当の相手と論議するほど、自分の意見には自信がない、ということなのでしょうが、そういう自信のない人に限って、妙

に頑固だったりするようです。

いずれにしろ、反対とも賛成ともはっきり言わず、ただ、不審だけを表明するのを習慣にしておくと、相手の意見が間違っていた場合は、後で「やっぱり、実はあのとき、わたしはそう思ったんですが」と言えるし、自分の意見が間違っていた場合も、誰にもそれに気づかれず、事なきを得る、といった具合で、どちらの場合も責任をとらないですみます。

したがって、もうひとつのメッセージは、**「わたしは責任をとりたくない」**というものです。そのことを承知でこうしたコミュニケーションをとっているのならよいでしょうが、その結果、周囲の信頼を得られないとしても、自分を信頼してくれない周囲の人を責めてはいけません。

⑮「別に」とそっけなく答える

思春期の子どもが親や教師の問いかけに答えるときに、よくつかわれることばで、倦怠期の夫婦や反抗期（?）の若い社員などにも見られます。いうまでもなく、「うるさい。何かあったとしても、あなたに話す気はありませんよ」という拒否を示します。

ほんとうは、その幾重にも重なる「拒否」のベールをかいくぐって、話を聞き出しにきてほしいと思っていることが多いようですが、拒否のメッセージの与える衝撃の強さに、たいていは、親でも尻込みしてしまい、かくして、ほんとうの孤立が始まります。

⑯「きみは、そう思うんだね」とそっけなく言う

相手の意見が受け入れられないということと、相手の存在そのものが受け入れられない、ということは別のことです。ところが、多くの場合、わたしたちは、自分の考え＝自分自身のすべてになってしまっているので、自分の意見が否定されると、自分自身が否定されたように感じてしまいます。ここに、相手の意見に異議を唱えることのむずかしさがあります。

「きみはそう思うんだね」というのは、明らかに、**「わたしはそうは思いません」**という意味です。あるいは、「ほかの人はそうは思っていません」という意味です。

もし、考え＝その人自身と思っている人が、このことばを口にすると、その後ろに隠されているメッセージは、「わたしたちは、考えが合わない。だから、いっしょにいられない」ということになります。で、実際、言われた側は、相手に突き放された感じを味わいます。

突き放されるよりは、「きみの考えはここが間違っている！」と非難されるほうがまだましだと感じます。

ただし、同じことばを、考えとその人自身とは別のものである、と思っている人がつかうと、その後ろに隠されているメッセージは、また違ったものになります。「へえ、きみは、そう思うんだ。確かに、その考えは受け入れたよ。ぼくたち、考えは違っているけれど、いっしょにいようね」。

実際は、同じ「きみはそう思うんだね」でも、かなり口調が違ってきますので、間違えることは少ないと思いますが、それでも、ふだんから、そっけない話し方をするタイプの人は、後者のつもりで言ったことばが、前者に受け止められる、ということもあるようですので、ご注意ください。

⑰ 返事をしない

　これまで、誤解されがちな、つまり、さしたる悪意がないにもかかわらず、相手に拒否感を与える答え方をあげてきましたが、なんといっても、相手を拒絶する最大の答え方とは、返事をしないことです。無視です。それを集団で行うと、いじめや村八分になります。怒りや拒絶を表すために、この方法をとる場合は、それはそれで、誤解ではありませんのでよしとしましょう。問題は、自分にはその気がないのに、この最大の拒否反応を相手に示してしまっている場合でしょう。

- 挨拶したのに、ろくに返事がない。
- わかったのかわからないのか、はっきり答えない。
- メールの返事がない。

・提案したのに、採用するともしないとも、音沙汰ない。
・指示した仕事の結果についての報告がない。
・物を贈ったのに、お礼の連絡がない。
・年賀状の返事がいつもない。

いずれも、本人にしてみれば、「気がつかなかった」「つい、忘れてしまって」といった類のことかもしれませんが、事実は、返事をしないという行為であり、それは、**相手に最大級の「拒絶」のメッセージ**を伝えているのです。

⑱ 悩みを打ち明けてきたら、「そんなの、よくあることだよ」と慰める

言っている本人は、「たいしたことないんだから、そんなに落ち込まないでね」というつもりでしょうし、実際、そう言われて、「なあんだ、わたしだけじゃなかったんだ！」とほっとする人もたくさんいるでしょうが、その反面、かえって落ち込んでしまう人も同じくらいいることに気づいていますか。

つまり、「おまえの悩みなんて、たいしたもんじゃない」「おまえの悩みなんて、特別なものじゃない」、つまり、「おまえは、たいした人ではない」「おまえは、特別な人ではない」という、先にもあげた、**「一般化」「陳腐化」のメッセージ**を感じとる人もいるのです。

人は、誰でも、**自分は特別の存在でありたい**と思っています。特別な自分がかかえる問題もまた、人より特別なものでありたいのです。そういう考えの是非はともかくとして、その気持ちを受け止めることこそが、相談を受けた人に求められていることなのです。

また、悩みを打ち明けてきた人に対し、こういう慰め方をするということ自体、慰める方が慰められる人より**上の立場に立つ**という、微妙な力関係にも気づくべきです。

人は、**「勝ち負け」**と並んで、**「上下」**つまり、どちらが上かということに、非常にこだわります。常に、ことばの節々、態度の節々で、どちらが上かを競い合っています。これも、ことの是非はともかくとして、コミュニケーションの基本として覚えておくべき原則です。

したがって、このような慰め方のもつもうひとつのメッセージは、「わたしは、あなたより、物事がよくわかっている」「わたしは、あなたを救ってあげることのできる（つまり、あなたより上の）人間だ」というものです。

この場合、自分より物事がよくわかっていて、自分を庇護してほしいと思っている人にそう言われるのならかまわないけれど、そうでなかったら、「あんたにそんなこと、偉そうに言われる筋合いはない」と、相手が感じてしまったとしてもしかたないでしょう。

⑲ 悩みに対し、「こうすればいい」と忠告する

　これも、前項や08と似ています。せっかく親切に、いろいろ考えてあげたのに、相手は感謝するどころか、あなたには、わたしの気持ちはわからないなどと責められてしまう。よくあることです。というのも、悩みを打ち明ける人が求めているのは、ただ、「そうですか。たいへんですね」と共感してもらうことであって、自分の悩みを解決してもらうことではないからです。

　彼らがあなたの親切から受け取るのは、やはり、「わたしは物事がよくわかっている」「わたしなら、そんなことで悩んだりしません」という、要するに、**「わたしのほうが上です」というメッセージ**でしょう。

⑳ 悩みに対し、「わたしにもそういうことあったわ。わたしの場合はね」と自慢話になってしまう

本人は、相手と自分が同じであること、だから、共感できることを伝え、また、自分の経験から、解決方法をアドバイスしたい、という思いからなのかもしれません。が、相手に伝わるのは、「わたしは、うまくやりました」「わたしは、うまくいっています」**「わたしは、わたしは」という自慢話**だけ。

で、たいていの場合、こういう答えが返ってきます。「そう、あなたはすごいわよね。わたしなんかと違うものね」。つまり、相手は、あなたの無意識の意図通り、「わたしはあなたとは違います。わたしのほうがあなたより優れています」というメッセージを確実に受け取ったわけです。悩んで落ち込んでいる人にとっては、泣きっ面に蜂というところでしょうか。

ここで、コミュニケーションのもうひとつの大原則をご紹介しましょう。

それは、**あなたが何を伝えようとしたかではなくて、相手に伝わったものがすべて、**ということです。伝える人には、相手が理解できるように伝える義務があるのです。いくら、理解できない相手が悪いんだと相手を責めたところで、相手に自分の伝えたいことを伝える、という目的が達成されるわけではないからです。

ですから、ここで、あなたがほんとうに相手を勇気づけたい、相談に乗りたいと思っているのなら、「同じではないだろうけれど、わたしにも似たような経験あるわ。だから、少しは、あなたの気持ちがわかるつもりよ。十分にとは言えないのでしょうけれど」と言えばいいでしょう。

そうでないのなら、何も言わずに、ただ、相手の話を聞くことです。なんのコメントもアドバイスもせずに、せめて、その間だけでも、相手をこの世の主人公にしてあげることです。

㉑ 悩みに対し、「それは気持ちのもちようよ」などと言う

これも、**「陳腐化」**の一種です。意図がなんであれ、いずれの場合も、相手に伝わっているのは、「あなたの悩みは取るに足らないものです」「悩んでいるあなたは間違っています」「あなたは間違っています。わたしはそれを知っています」というメッセージです。

もちろん、ほんとうに、視点が変わって楽になる人もいるでしょう。けれども、その一方で、相手が内心、「この人にはこれからは、弱味を見せるのはやめよう」と誓っていることも覚悟しておいたほうがいいかもしれません。

誰も、人に、自分の悩みや心身の状態を、**評価・解説なんかしてほしくない、忠告なんかしてほしくない**のです。ただ、聞いて、受け入れてほしいだけなのです。あなたがそうであるように。

㉒「わたしは、こうしてきた」「わたしは、こういう人だから」など、とにかく会話の中に、「わたし」ということばが多い

主語を省略する習慣の日本語の中では、話の内容にかかわらず、**話の中に、「わたし」ということばがある一定の頻度以上出現すると、それだけで、相手は、漠然とした不快感を覚える**ようです。たとえ、それが謙遜や自分をひたすら下に置くような内容であっても。

相手が受け取るメッセージは、ひたすら、「わたしはこういう人です。だから、認めてください」。文字通り、「わたしは、わたしは、わたしは」の「わたし」の洪水。自分がボールを投げる間もなく、一方的に、「受け取ってください。これも、受け取って。お願い、これも」と、ボールを投げつけられるようなものです。

このように書いても、言っている本人は、なかなか自分のことだとは気づかず、「わたしは違います」と思っていることが多いので、やっかいです。

㉓ 自分のことばかり喋る

「わたしは」とつけようがつけまいが、自分のことばかり喋ったり、一方的に喋っているると、その人の取り巻きでいることのメリットがある場合を除いて、次第にまわりの人は、去っていくようです。

㉔ 自分のことは、いっさい話さない　自分の意見を言わない

とはいえ、自分のことを聞かれても、「いいえ、別に」などと言うだけで、何も語ろうとしなかったり、「あなたはどう思うんですか?」と聞かれても、「いいえ」とか「みんなはこう言っていますけれど」などと答え続けるのも、逆に、強烈な自己主張となります。

たとえ、それが、単なる気後れ、あるいは、奥ゆかしさやある種の育ちのよさ(?)から来るものであったとしても、もし、その人以外の人が開放的に話しているところで、そのような態度をとるとしたら、やはり、相手に伝わるメッセージは、限られたものとなるでしょう。つまり、**「わたしはあなた(たち)とは違います。わたしはあなた(たち)と関わるつもりはありません」**。

したがって、関わり合いをもちたくない人と接するときには、有効な方法となります。

25 やたらとむずかしいことばや専門語をつかう

やたらとむずかしいことばをつかって話す人には、二通りあります。ひとつは、それ以外のことばを知らない世間知らずか専門ばか。もうひとつは、自分の賢さを誇示することが習慣化している人。いずれも、相手に伝わるメッセージは、「わたしは賢い、あなたより」という**「差別化」**です。そして、「わたしの言うことがわからないのは、おまえが悪い」という**「脅し」**です。

かくして、相手は、早々に立ち去ります。誰も、それらのメッセージの裏にある、「わたしはこんなに賢い。だから、わたしのことを認めてください。好きになってください」なんてメッセージを読み取ろうとするほど、暇ではありませんから。

ただ、一見知的な男性が好きな一部の女性にとっては、魅力的に映ることもあるようです。が、これも、多くは、その容貌に依存しているので、むずかしいことばをたくさんつかえば、必ずもてるということにはなりません。

26 相手の話に客観的な解説を加える

たとえば、誰かが、「こういうことあったんだ！」などと話しているとき、それについて、「ああ、そのことね、それは、二〇〇六年の厚労省の〇〇白書で、〇〇委員会が云々」などと、詳しいデータを披露し、解説してくれる人がよくいます。最初は、おもしろくて、重宝がられるかもしれませんが、いつもそればかりだと敬遠されます。前項と同様、賢さの誇示となるからです。

誰も、自分の話をいちいちわけ知り顔に、解説されたくなんかありませんから、「だったら、おまえはどう思うんだ？」と詰め寄られることになります。が、こういう人に限って、評論はするけれど判断はしない。自分の個人的な意見をもたないものです。

つまり、人の話に、客観的な解説を加え続けることが表すもうひとつのメッセージは、「わたしは、データを提供しますが、**決断に責任はもちません**」というものです。

㉗「ぼくはいいんだけれど、みんなが」と言って、苦情を述べる

「こんなこと言っても、わたしのこと嫌いにならないでね」ということと、苦情の二つを同時に伝えようとする結果、かえって、相手に嫌われてしまう言い方です。

いずれにしろ、もし、あなたにこういうことを言ってくる人がいるとしたら、「みんな」ではなく、その人自身の苦情であるのは間違いないでしょう。

だいたい、「わたしはいい人です。わたしを嫌いになるとしたら、あなたが悪いんです」と言われて、不快にならない人がいるわけがない。でも、言い方が意味するのは、とどのつまりが、そういうことです。

相手は、反論しようにも、目の前のその人ではなく、目に見えない「みんな」に対してですから、どうしようもありません。たとえ、その場では、「忠告してくれてありがとう」

と答えたとしても、冷静になれば、「だいたい、みんなって誰なんだ？　自分がいいなら、何も言うな！　だいたい、おまえは、どっちの味方なんだ？」と、不信感を募らせるだけのことでしょう。

ところで、親や先生もよく、こういう言い方で、子どもをしつけようとするようですが、「そんなことすると、人に嫌われるよ」ではなく、「そういうことされると、わたしは、悲しい」と、あくまでも、自分自身の気持ちを伝えない限り、子どもが行動を改めることはないでしょう。

28 苦情を言ったり、断ったりするとき、くどくどと言い訳する

苦情を言ったり、断ったりするときは、相手のメンツを傷つけないように、できるだけ婉曲的に丁寧に言うべきだという考え方があります。これは、間違いではありません。ところが、相手を思って婉曲的に言っているつもりが、かえって、相手を不快にさせてしまう場合があります。それは、相手のメンツを守るなどと言いながら、**その実、守っているのは、自分のメンツ**だからです。

とても丁寧で気を遣ってくれているようなのだけれど、その人と話すと、妙に疲れるとか、何となくすっきりしない気分が残る、としたら、十中八九、その人は、あなたに気を遣っているというより、**自分を守る**ことに気を遣っていると判断していいでしょう。

つまり、その人は、「こんなこと言っても、わたしのこと、嫌なヤツだと思わないでく

ださいよ。わたしは、嫌なヤツではないんですから。あなたの立場も十分理解している、いい人なんですからね」ということを伝えようとしているからです。

そんなふうに言われると、相手は、「もし、こんなわたしを嫌うとしたら、悪いのはあなたのほうですからね」と言われているように感じてしまいます。自分が悪いような気になってしまう、つまり、罪悪感を刺激されるわけです。

そして、ストレートに言われるより、ずっと嫌なヤツだと思うわけですが、一方で、こんないい人のことを嫌うなんて、やっぱり自分のほうに非があるのかなという疑いも消えず、かくして、もやもやとした不快感をもち続けることになります。

さらに、こういう言い方をする人に、そのことを悟られると、くどくどと文句を誰かれかまわず吹聴されそうで怖い、ということもあります。

㉙「あなたって、○○な人だからね」と決めつける

「きみは、まじめな人だからね」「きみは、神経質だからね」と、決めつけるような言い方をすると、たいてい、相手は不快になります。たとえ、それが、誉めことばのつもりであっても。

というのも、そうした言い方は、すべて、**いま目の前にいるその人を、過去のその人に対するイメージで推し量ろうとする**ものだからです。たとえ、「きみは昔から優秀なヤツだからね」というのであっても、そう言われてしまった瞬間から、その人に対し、ずっと「優秀な自分」だけを見せていかなければならないような不自由さを感じるでしょう。

さらに、たとえ、優秀だと言われるのであっても、**評価は評価**です。評価する側とされる側とどちらが上かと言えば、当然、評価する側です。このように、「評価」というのは、

上下関係をつくる、という点で、これまでにあげてきた**「競争」「比較」「一般化」**などと並んで、コミュニケーションを阻害する大きな要因のひとつです。

「きみは昔から優秀なヤツだからね」というのは、一見、尊敬のようでありながら、「その優秀さがわかるわたしは、もっと優秀である」というメッセージで、それが、言われた側の神経をなんとなく逆撫でするのです。

さらに加えれば、人が相手に対し、「あなたは○○な人だから」と断定的に言うときには、多少なりとも、小さな悪意（やっかみや、わたしとは違うという小さな拒絶）が含まれるもののようです。

つまり、なんであれ、相手を決めつける言い方の伝えるメッセージとは、「わたしには、あなたがどういう人か、わかっています」「あなたは、いまも昔もこれからも、変わりません」「変わろうったってむだですよ」というものなのです。

㉚「〇〇って、そういうものでしょ？」と、すぐ同意を求める

一方的に、まくしたてられ断定されるのもいやだけれど、かといって、いちいち同意を求められるのも、多くの人が嫌います。つまり、**判断や責任を押しつけられる**からです。実際、無意識のレベルで、責任をとりたくないな、と思っていればこその「つい口にしてしまう口癖」なのでしょう。

つまり、こういう言い方の意味することとは、こうです。「責任をとるのはあなたです。わたしではありませんよ」。他の類似の言い方と同様、人は、責任をとらない表現をとる人を好きにはなれないものなのです。

31「リラックスしろよ」「頑張って」

一般的な励ましのことばとして、言っているほうも、言われているほうも、さして印象には残らない慣用句のようなものでしょう。ただ、どちらかというと気の弱い人や、あまりそのことが得意ではない人、神経質な子どもなどに多用すると、激励ではなく、単にプレッシャーを与えるだけのことばとなります。

というのは、「頑張って」というのは、「頑張らなければだめだ」、つまり、「いまのままではだめだ」という意味ですから、いつも「頑張れ」と言われるということは、いつも「まだだめだ、もっともっと」と言われているのと同じことなのです。

「リラックスしろよ」も同様。誰だって、リラックスして、いつもの力を出したい。それをわざわざ言われるのは、「きみはまだ、緊張しているよ」というメッセージであり、わざわざ相手をより緊張させることばなのです。

㉜「○○さんが好き」「ぼくの友だちがね」と、別の人のことを話す

同性同士で、好きな異性のことを話すのはかまいませんが、同性同士で、別の同性について、「わたし、あの人好き。憧れているの」とか「あいつ、ほんとにいいやつだよな」などと言う場合、それを聞いている側の心中が、決して穏やかではないことに気づいていますか？

だいたい、子どもが自分の目の前で、「ぼく、おかあさん、大好き」と言うだけで、父親はつい「じゃあ、おとうさんのことは嫌いなの？」と聞かないではいられないものなのですから（子どもが、「おとうさんも大好き」と言うとわかっていても）。いわんや、相手が他人の場合をや、です。

かくして、好きだと語っているのが、ふたまわりも歳の違う上司や若い子のことならともかく（ほんとうは、それでも言わないほうが安全）、同じような仲間である場合、聞い

ている側が受け取るメッセージはこうです。「あなたのことは好きではありません」。あるいは、「あなたのことは何とも思っていません」。つまり、否定です。ただ、別の人のことを好きだと言うだけで、相手は、そう感じてしまうのです。

あわてて、「あなたのことも好きだけど」などと言ってもダメです。**二番目に好きだというのは、好きでないのと同じ**だからです。その場合、こう言わなければなりません。「あなたほどには、好感もてないけれどね」。

同じ原理で、友だちの前で、別の友だちとどこかに行ったとか、何かをあげたとかいう話をするのも、相手に**孤立感**を与えます。もともと自分にとって、それほど重要ではない相手であったとしても、自分は相手にとって特別な存在でなければならない、という理不尽な考えをもってしまうのは、あなただけではないのです。

ですから、よく、「ぼくの友だちがね」を乱発し、自分はいかに友だちが多く、人望があるかをアピールすることによって、「だから、ぼくのこと好きになって」と訴えようとしている人がいますが、まったくの逆効果です。相手に伝わるのは、「きみはぼくの友だちではない。ぼくにとって、きみは特別な存在ではない」というメッセージなのです。

㉝ 人間関係について、「あなたには、合わないかもしれないね」「きみには、お似合いだね」などと評する

いずれも、**「には」**という助詞に注目。この場合、言外に、「わたしには、合うわ」「わたしには、合わないわ」という**「差別化」**を表現しています。もちろん、**「正しいのはわたし。間違っているのがあなた」**です。

もし、合わない人がいたら、その人物が悪いのではなく、悪いのは、「あなた」。たとえ、その人物が問題ありの人でも、「わたしならうまくやっていける」。

「お似合い」についても、「お似合い」なのは、問題あり同士だから。「わたし」なら、とてもあんな人とはやっていけない。つまり、この場合も正しいのは「わたし」というわけです（もし好意的に言うのなら、「きみに、お似合いの素敵な人だね」となります）。

いずれにしろ、合っているだのいないだの、相手を**「評価」**する側に立つ発言であるわけで、そうした態度そのものが、相手を不快にさせることも忘れてはいけません。

㉞「○○は、あるわね」「○○は、できるよな」と誉める

たとえば、「集中力は、あるわよね」とか、「顔は、いいよな」とか、「事務能力は、あるね」など。問題は、**「は」**です。この場合の「は」は、つまり、「ほかはだめ」を意味します。で、これらは、誉めことばではなく、一般的には、けなしことばとして、腹にいちもつあるときにつかわれます。もし、誉めたいのなら、「集中力があるのね」「顔もいいよな」と言わなければなりません。

小学生以上の、ネイティヴな日本人なら、当然、以上のことを理解して、つかいわけているると考えるのがふつうですので、もし、こういう誉めことばに遭遇すると、人は、「まあ、ありがとう」ということばの裏で、「なんだ、こいつ」と復讐を誓います。百歩譲って、悪気はないのだろうと理解する人でも、「常識のないヤツだ。日本語を知らない、失礼なヤツだ」と、やはり敬遠します。

でもここでほんとうのことを言うと、たとえ、あなたが自分では、単にことばづかいを間違えただけで、悪気はないのだ、と思っていたとしても、やっぱり悪気はあるのです。

心のどこかに、素直に相手を誉めるのを躊躇している部分があるのです。相手を誉めたら誉めた分だけ、何か自分が損してしまうような、劣っていることになってしまうような恐れ、あるいは、自分より優れていることに対する嫉妬が必ず存在するものです。そうでなかったら、こういう表現は出てきません。

つまり、こういう誉め方の意味するところはこうです。「わたしには、あなたのいいところがわかります。とはいえ、わたしと比べたら、たいしたことありませんけれど」「あなたを心から誉めることはできません。だって、悔しい」。

35 同じ話を何度もする

いろいろなところで多くの人と話す機会をもっている人は注意しなければなりません。自分でも誰に言って誰に言っていないかを、なかなか覚えていられないものだからです。

同じ話を何度も聞かされる場合、相手がただ、「また、その話か」と、うっとうしく思うだけならいいのですが、注意すべきは、**「自分のことを軽視している」**というメッセージとして受け取る人もいるということです。

つまり、「他の人はともかく、自分に対してだけは、言ったか言わないか忘れるようなことはあってほしくない。あなたにとって自分は特別な存在であるべきだから」と思っているのに（自分にとって、その人が特別な存在というわけではないけれど）、自分と何を話したかを忘れているとは、「相手が自分を特別に扱っていない」「その他大勢のひとりとして扱っている」ということになるからです。

まあ、ここまで被害者的な人は少ないかもしれませんが、でも、心の中に、ずっとさびしいものを感じることは誰にでもあるのではないでしょうか。

特に、その話を「きみにだけ話すけどさ」などと、もったいつけて話す場合は、なおさらです。「きみにだけ」と言いながら、いろんな人に話して回っているのは一目瞭然。

自分に話したことだけは、特別に覚えておいてほしい、という理不尽な願望をもつのが、わたしたちの自然な頭の働きだというのに、見事にその期待を裏切られたことになります。

36「その話、前にも聞いたよ」

というわけで、同じ話を何度も聞かされると、人は不快になり、こうしたことばを吐きます。つまり、このことばによって、伝えたいと思っているのは、「わたしに話したということを覚えていてください。わたしのことを特に特別に扱ってください」というメッセージです。

ところが、言われた側が受け取るメッセージは違います。すなわち、「あなたは、物覚えが悪い」「その話はつまらない。あなたの話はつまらない。あなたの話はもうこれ以上聞きたくありません」と言われているように感じることがあります。

相手は、あなたにもっと受け入れてほしいと言っているのに、言われた側は、拒否を感じ取っているわけです。実に悲しい誤解です。

37 「○○にも相談したんだけど、あなたはどう思う？」など、ほかの人の後に、尋ねたり話したりする

人は誰でも、「あなたに真っ先にお話ししたくて」「まず、あなたに相談したくて」と言われることを内心望んでいます。その相手が、自分にとって、いちばんどころか、ほとんど眼中にないような相手であったとしても。**自分にとって特別な人ではない相手にとっても、自分は特別な存在でありたい**、という理不尽な願望をいだくのが、わたしたちのふつうの姿です。そのほうが**「上」**だからと、**「比較」**や**「競争」**の気持ちが起こるからでしょう。

もちろん、理不尽だということは、百も承知ですが、頭に感情はついていきませんから、わざわざ「誰それの次に、あなたの意見を聞きにきました」とか「最後にあなたにご報告します」などというメッセージを伝えられると、むっとします。むっとするべきではないとはわかっていても、むっとします。

かくして、正直にそう伝える人は、事実である「あなたも、わたしが信頼する何人かの中の大切なひとりです」という意味ではなく、「あなたは、わたしにとって、それほど重要な人ではありません」というメッセージを心ならずも伝える結果となり、無用な敵をつくることになるわけです。

もちろん、その「○○さん」が、誰もが認める優秀な人であったり、上位の人である場合は、その「○○さん」と相手を同等に見なしているということを伝えることとなり、これは逆に、相手に「自分は信頼されている」というメッセージを送ることになります。

㊳ 腕組み・足組みをして話を聞く 眉間にしわを寄せて話を聞く

いずれも、重々しい印象を与えたいときに、無意識のうちに、とりがちな姿勢です。確かに、相手は、賢そうな人だという印象をもってくれるかもしれませんが、それ以上に、「拒絶されている」という印象ももちます。つまり、これらの姿勢や表情が表すのは、**「それ以上、わたしに近づくな」**というメッセージです。

これらのメッセージを伝え、自分を守りたい場合は、効果的なしぐさですから、つかうとよいでしょう。ただし、「どうも、みんなに敬遠されているような気がする」「偉そうなヤツだと言われる」などとぼやくのはやめてください。当然の結果なのですから。

㊴ 意味のない笑いを浮かべて、話す・聞く

少々堅い話をするときに、意味のない笑いをところどころに散りばめながら、話す人がよくいます。本人は、単に照れていたり、あるいは、その場を柔らかくしようとの気遣いなのでしょうが、理由はともかく、相手が受け取るのは、「バカにされている」という印象です。本人にはまったく自覚がないまま、「なぜか好かれない」典型的パターンのひとつと言えます。

意味のない笑いを浮かべながら、話を聞く場合も同様です。「もっと、まともに聞け」と、不快に思います。たとえ、あなたの意図が、「わたしはあなたの敵ではありません」「わたしのことを嫌いにならないでくださいね」ということだとしても、相手には、**「嘲笑」**と映ることが少なくありません。

40 何人かで固まって、ひそひそ、あるいは、わいわい話す

話している当人たちにとっては気づきにくいことですが、ただそれだけで、それをはたから見ている人に、**「孤立感」**を与えます。ましてや、そのとき、その集団の中の何人かが、偶然であるにしろ、誰かのほうをちらっと見たり、誰かが近づいたときに、急に話が途切れてしまったりすると、その「誰か」は確実に、「この人たちは、わたしの悪口を言っていた」と思います。

その「誰か」があなたのときにだけダメージがあるわけではありません。あなたが、その集団の中にいる側の人間だとしたら、その「誰か」は、あなたからも、**「あなたは、わたしの仲間ではありません」**というメッセージを受け取ることになるでしょう。

いずれにしろ、誰かと**特別**親しくなるということは、別の誰かと**特別**親しくなる可能性を切り捨てるということは覚えておいたほうがよいでしょう。

41 言うべきことを言わない

本書では、無意識のうちに（正確には、無意識ではなく、それなりの意図をもってのことなのですが）、相手との間に距離をつくり、相手に孤立感を与えてしまっていることばについて解説しているわけですが、実際のコミュニケーションのトラブルを見ていて、非常に多いのは、よけいなひとことよりも、「言うべきことを言わない」ことからくる誤解のようです。

・ろくに挨拶をしない。
・お礼のことばがない。
・謝罪のことばがない。
・承認のことばがない。

・慰めのことばがない。
・お見舞いのことばがない。
・お悔やみのことばがない。
・ねぎらいのことばがない。
・相手の近況を尋ねることばがない。
・お祝いのことばがない。
・賞賛のことばがない。
・感謝のことばがない。
・手紙や年賀状、留守電や電子メールの返事がない。
・事後報告や経過報告がない。

たとえば、身内の不幸にあって、落ち込んでいるときに、ひとこと、「残念でしたね」とだけでも言ってくれてもいいと思うのに、何も言ってくれない。実は、何か言いたいのだけれど、ことばが見つからないうちに日が経ってしまったのだとしても、相手にはそんなことはわかりませんから、ただ、「思いやりのない人だ」と思うだけです。

よく口先だけの社交辞令などと軽視する人がいますが、たとえ、心を伴わない社交辞令でも、言わないよりはずっとましです。というより、**社交辞令は言って当たり前のもの、**それから先、どれだけ心がこもっているかが問われるものです。

したがって、社交辞令も言えないとなると、これはもう、問題外ということになります。

たとえば、あなたが、いろいろと心を配っているつもりの相手から、ひとことも感謝のことばがなかったら、「なんだ、こいつ、何様のつもりだ。そうか、おれの助けなんかいらないということだな」と思ってしまうはずです。同様に、基本的な社交辞令を言わないということは、つまり、相手に、次のようなメッセージを送っているのと同じことです。

「わたしにとって、あなたはどうでもいい人です」

「わたしは、わたしの力でこうしているのです。あなたの力はいりません」

「わたしはあなたが嫌いです」

実際、**基本的な社交辞令を言わないことによって、相手に強い拒否、訣別を表明する**というのは、よくつかわれる方法です。したがって、もし、あなたが社交辞令を欠くとしたら、たとえ、あなたにその気がないとしても、相手は、そうした表明として受け取ることもあるのです。

実際のところ、もし、その気になって、自分をとりまく環境を見直せば、自分がいかに多くの関わりの中で、多くの人の助けを得ながら、生きているのかわかるものですが、それらに、気がつかないでいると、つい、自分だけの力で生きているような気がしてしまうものです。そして、社交辞令さえも言い忘れてしまうもののようです。

scene 2

目上の人から目下の人へ

42 「○○君は、よくやっているよ」と目の前で、ほかの部下や子どもを誉める

ひょっとしたら、いま話している相手のことは、その○○君よりずっと評価し、信頼しているからこそ、発していることばなのかもしれません。が、たとえ、そうだとしても、相手に伝えているメッセージは、こうです。「きみは、だめだ」「きみは、○○君ほどよくやっていない」「きみのことはどうでもいい」。

友人の前で、別の友人のことを好きだというのと、まったく同じ原理です。

ところで、実は、この場合、どんなにあなたが否定しても、少なくとも、それを言っている瞬間は、相手が傷つくのを十分承知のうえでの発言のはずです。つまり、何か言いたいのに言えないことがあって、小さな復讐をしているのです。

つまり、このことばのもつもうひとつの意味は、こうです。「わたしを甘く見るんじゃ

ないぞ」「わたしを尊敬しなさい」「わたしに一目置いてください」。その意味では、決して、誤解されているわけではないと言えます。

　ただひとつ誤解があるとすれば、言った側は、言ってすっきりして忘れてしまうのに、言われた側は、いつまでも覚えていて、いつか機会があったら、小さな仕返しをしようと誓っているということです。こうしたことが積み重なって、信頼していた部下に裏切られる上司はたくさんいます。

㊸「きみだって、頑張れば、○○君のようになれるよ」「○○君を見習いなさい」

よく、上司や教師、親が、部下や生徒、子どもを奮起させるために言うことばです。

けれどもここで、**何気なく誰かのことを誉めても、その場でそれを聞いた人は、自分が否定されたと感じる**、という原則を覚えておかなければいけません。誰かのことを誉めるのを聞いた瞬間、「では、わたしは?」と、自動的に**「比較」が始まる**からです。

ましてや故意に、誰かと比較するとなると、言われた側の「否定された」という思いは、いっそう強くなります。

○○にはいるのが、イチローとか宮里藍ちゃんなどならともかく、当の本人のライバルであったり、友だちであったり、きょうだいである場合、たいていは、それを言う上司や教師、親か、あるいは、引き合いにだされたライバルや友人、きょうだいのいずれか、あるいはすべてに、小さな反感をいだきます。要するに、「いまのおまえはだめだ。○○君とは格が違う」ということなのですから。

もちろん、それを聞いて奮起する人もいます。だからこそ、部下のライバル心をあおり立てて競争させ、よりよい仕事をさせるというのは、昔から、上位の者がとってきた方法です。現在上に立っている人というのは、そういうとき奮起して頑張るタイプの人だからこそ、その地位にあるわけです。でも、上に立つ人は、世の中には、そういう人ばかりではないということも知っておかなければなりません。

44 「あなたのためを思って言っているのよ」と前置きしてから叱る

親や上司がよく言う言い方ですが、ほんとうに、相手のことを思って言っているのなら、相手にそれと伝わるでしょう。けれども、こういうことばを枕詞にしたお小言は、その大半が、「あなたのため」ではなくて、「わたしのため」のようです。それを相手は敏感に察知して、不快に思うのです。

つまり、「こんなこと言ったからといって、わたしのこと、恨まないでちょうだいね。恨むとしたら、悪いのは、あなたよ」というメッセージだからです。

そんな複雑なメッセージより、「あなたのそういうところ、わたしはとても不愉快なので、やめてください」と言われたほうがわかりやすくて気が楽です。

45 みんなの前で、叱る

組織全体に与える影響を考え、戦略的にあえて、この方法をとる以外は、一般には避けるべき方法です。

46 「あなたには、○○がないからね」と決めつける

「あなたは、人望がないからね」「根気がないから」「協調性がないから」「営業的センスがないから」「色彩感覚がないから」……上司や親や教師が何気なく言うことばが、実は、その人をほんとうに、人望や根気や協調性や営業的センスに欠けた人間にしてしまいます。

もし、適切な進路を助言する意図なら、「ない」ことについてではなく、「ある」ことについて言うべきでしょう。だいたい、何がないかは、言われなくても、当の本人がいちばん知っています。それをわざわざ指摘されるということは、要するに、「この人は、わたしを潰したいんだな」ととられてもいたしかたないでしょう。

47 「きみには無理だったのかもしれないね」と投げやりに言う

これも、相手の能力、状態を熟慮したうえで、いくつかの選択肢の中から、あえてこの言い方を選んで言うのでしたら、それもひとつの方法でしょう。問題は、たいした考えもなく、何気なく言ってしまうことです。上司や親が思っている以上に、言われた側は自信を失います。**無力感**を感じてしまいます。

なぜ、こんなことを言ってしまうのかというと、言う側に、**「不安」**があるからです。**自分の不安から、部下や子どもを必要以上に、追いつめる**ような言い方をしてしまうことがよくありますが、それは文字通り、自分と相手の双方を追いつめる結果を招きがちです。

48「きみには失望させられたよ」

外国の映画などを見ていると、ボスが最後通牒として、よくこのセリフを吐いています。その通り、一般には、その人をその仕事から外すときにつかわれることばです。つまり、「もうチャンスはない」。

もし、それとわかってつかうのならかまいませんが、そうでないのなら、このことばは、ほんとうに、相手に見切りをつけるときまで、とっておきましょう。

49「これ、やってくれると、うれしいんだけどなあ」などと、必要以上に慇懃に、用事を言いつける

50「これやっとけよ」と、いきなり言いつける

まったく正反対に見えるこのふたつの言い方は、いずれも、同じ理由から生じる、部下に対する仕事の命じ方の悪い例です。

どういう理由かというと、命じる側の自信のなさです。仕事に対する自信のなさの場合もあれば、上司としての自分への相手の敬意に対する自信のなさの場合もあります。

必要以上に、慇懃に用事を言いつけることで、ひょっとしたら、「わたしは、ものわかりのよい、いい上司」というのをアピールしたいのかもしれませんが、かえって「嫌みな人」と思うだけの人も多いでしょう。

かといって、なんの呼びかけもなく、出会いがしらに、ろくに顔も見ず、命令するというのも、どこかで、断られたり、部下に不満な顔をされたりして、自分の権威を脅かされるのを恐れている場合が多いのです。

つまり、部下は、上司の顔色を気にしますが、命令する上司のほうも、言いつけたときの部下の反応をすごく気にしているわけです。もし、気持ちよく応えてくれないとしたら、自分の存在価値が危うくなってしまうような**「不安」**を感じているわけです。だから、ある人は、慇懃無礼に命令するし、ある人は、有無を言わさぬ態度をとることで、部下の**反応と直面することを回避しようとする**のです。

というわけで、本来ニュートラルであるべき指示のことばに、**「わたしを尊敬してください」「わたしのメンツを傷つけないでください」**といったメッセージがこめられ、コミュニケーションが複雑化します。

51 「ちゃんと言っただろう」「何度言ったら、わかるんだ」

特に、避けるべき言い方というわけではありませんが、もしあなたが、「人は、自分が一度言えば、わかるはずだ」という前提のもとにこう言っているのだとしたら、その前提はあらためるべきです。

あなたが言ったことだろうと誰が言ったことだろうと、**人は、一度言ったぐらいではわからない**、それがふつうなのです。特に、それが、新しいやり方や発想を含むものとなると。あなただってそうだと思います。

ある経営者は、五十回から百回、要するに、毎日言い続けると言っています。ことばが身体に染みつき、自然な行動に結びつくには、そのくらいかかります。相手にほんとうに伝わるまで、何度でも言い続けるのが、伝える側の義務です。

52 「まだ、若いからなぁ」と、わかったように言う

問題は、こうした言い方が口癖になっている人に限って、自分ではものわかりのよい上司、教師、親だと思っているところにあります。

相手に伝わるメッセージは、つまり、「きみは、まだ未熟者だ」「わたしのほうがものの道理がわかっている」「余計なことを言うな」ということ。つまり、あなたが伝えたいと思っていることそのものです。

にもかかわらず、なぜか、こういう人に限って、「なんでも自由に提案してみてくれ」などと言うのですが、なかなか提案する人がいなくて、「なぜなんだ?」と、ひとり孤独を訴えたりします。

もし、若さ、つまり経験の不足に問題があるなら、どの点がそうなのかを、具体的に伝えるべきです。

53 「そうか、そうか」と、ろくに聞かないで、答える

これもまた、自分はものわかりのよい上司だと思い込んでいる人にありがちな言い方です。でも、伝わっているのは、「それ以上言うな」「そういう話は聞きたくない」というメッセージです。相手が拒否感を感じるのは当然のことです。

そうでない場合は、相手は、受け入れてもらったつもりでいたのに、後になってみると、結局話が通っていなかった、ということで、不信感をいだきます。

とはいえ、話す側にも問題はあります。「自分の話は、**常に、すべて、**最後まで聞かれるべきだ」と考えている点です。少なくともビジネスにおいては、相手の限られた時間をさいてもらう以上、最後まで聞いてもらうには、それだけの価値のある話を順序よく話さなければなりません。

54 誉めない

仕事のできる人というのは、上司に誉められることなど期待していないようで、そういう人が上司になると、内心よくやっていると思っても、なかなか口に出しては誉めないようです。で、特に優秀ではない多くの人は、誉められないことに対する不満を蓄積させていきます。

ただし、上司の側にも、誉めてしまったら、自分の優秀性が脅かされるのではないかという不安のゆえに、なかなか誉められない、という事情もあるようです。誉めることによってこそ、「わたしはあなたより上だ」という上下関係をアピールできるというのに。

なお、教師やコーチと生徒、親と子どもの間では、言うまでもなく、たとえ、十分ではないとしても、十分に誉めることが相手を伸ばすことがよくあります。

55 叱らない

「叱らない」というより、**「叱れない」**と言ったほうがいいでしょう。最近は、こういう親や上司、教師が増えているようです。叱ることによって、嫌われることを恐れるわけです。いうまでもなく、それは、当人の成長、組織の目標達成よりも、保身、つまり、自分を守ることを優先させているということです。

一般に、必要なとき叱れない上司や親は、部下に嫌われることはありませんが、軽視されます。好かれることと叱らないことには、なんの相関関係もありません。

56 相手の同僚や後輩を通じて、指示を言いつける

たいていは、単に、思いついたときに、身近にいた人に、伝言を頼むといった程度のことということになっているようですが、それを繰り返すと、本人も気づかないうちに、「なぜか好かれない上司」になってしまいます。

というのも、言われた側のメンツが傷つくからです。一般には、それを承知のうえで、その部下にわざと冷たくしたい場合や、自分の権威を誇示したい場合に用いられる方法だとも言えます。

57 中間管理職を無視して、下の部下に命令する

もうひとつ注意しなければいけないのが、通常の指示系統や担当をスキップして、直接、いちばん下の部下に、命令することです。上司にとっては、すべて自分の責任下にある部下だから同じじゃないかということなのかもしれませんが、いわゆる中間管理職は、立場がなくなり、非常に悔しい思いをします。

このため、その中間管理職に、ダメージを与えたい場合、あえてそうすることもあります。もちろん、その中間管理職が信頼できないため、そうする場合もあるでしょう。

事情はともかく、その無視された人が、内心仕返しを試みていることもあるのは、知っておいたほうがいいでしょう。

scene 3

目下の人から目上の人へ

58 仕事を催促されると、「わかっています」「いま、やろうと思っていたところです」と答える

不思議なことに、このような言い方をすることで、「わたしは賢い」「わたしは正しい」「わたしは優秀です」ということを伝えようとしている人がいるようです。

もちろん、相手が受け取るメッセージは、ただひとつ、「うるさい！　黙っててよ！」です。あなたの意図がなんであれ、相手を**「拒絶」**し、軽視することの表明となります。で、ふつうは、上司や目上の人、顧客などには、言ってはいけないことばとして、オフィスことばマニュアルには出ています。

反抗期の中学生ではないのですから、たとえ、十二分にわかっていること、すでにほとんどできあがっていることでも、ひとこと、「はい」「かしこまりました」、あるいは、「申しわけございません。ただいま、用意いたします」などと言うのが、できる社会人の常識です。

59 「だって」「でも」などと、すぐ口答えする

高級ホテルマンの対応を思い出してみればわかるでしょう。たとえ、上司の言うことが間違っているのだとしても、あるいは、誰か別の人の落ち度なのだとしても、とにかく、その場では、「はい。申しわけございません」と謝るのが、好かれる部下の言い方です。

ほとんどのことは、いずれ相手のほうで、自分が誤っていたことに気づくものです。どうしても、重要な誤解を生みそうな場合だけ、あとで機会を見て、釈明しましょう。

要するに、あなたが間違っているか正しいかにかかわりなく、**口答えそのものが、「わたしは正しい。間違っているのはあなたです」というメッセージを伝える**のです。そして、誰でも、人から間違いを指摘されたくなんかありません。

さらに、そうした間違いの九十五%までが、その場でいちいち釈明したり、訂正したりする必要のないような、ささいなことだからです。

60 「感心しました」「よくやっていますね」などと誉める

もし、こうした誉めことばで、上司やお客さまにお世辞を言っているつもりだったら、誤解もはなはだしい。そもそも誉めるというのは、相手を**「評価」**するということです。誉める側は、相手の素晴らしさがわかる、つまり、評価する側にあるということです。つまり、**誉めるほうと誉められるほうでは、常に、誉めるほうが上であり、誉められるほうが下**なのです。

おしゃれなことで有名な女性社員が、男性上司のネクタイを誉めるのならいいでしょうが（この場合、おしゃれに限定すれば、その女性社員のほうが男性上司より上だということが、両者の間で合意できているからです）、自分のほうがもっとおしゃれなつもりでいる女性上司の服装を「いつも、感心してます」などと誉めてはいけません。「ありがとう」という笑顔の陰で、「なによ、生意気な」と口元をひきつらせていることでしょう。

この場合、好かれる部下のお世辞は、「わたし、憧れているんです。いつも素敵でいらっしゃるから」となります。

ほかに、感謝のことばというのも、部下から上司に対する言い方に適します。

おしゃれひとつとっても、こんな調子ですから、仕事そのものとなると、細心の注意が必要です。「どう思う?」などと聞かれて、「いい」と思ったとしても、「よくできていますね」などと、不用意に答えると、知らないうちに、疎んじられることになります。

とはいえ、これも、実は、知らなかったのではなく、目下の側からの「ささやかな抵抗」であることも多いようです。つまり、誉めるということを通じて、その瞬間、自分が優位に立つ感触を楽しんでいるのです。誰だって、実は、「自分がいちばん偉い」と思っているのですから。

ところで、こういうわけで、上司の人は、なかなか誉められないものです。「社長だって、誉められたい!」などと言いながら、実際、下手に部下に誉められると、カチンとくるわけですから、優秀な部下をもっている人ほど、誉められないことになります。あきらめて、自分が誉められたい分、相手を誉めてあげるしかないでしょう。

61 「あなたがそうおっしゃるなら、そうしますが」「まあ、いいですけど」

相手を批判し、その責任は相手にとらせようとする言い方。要するに、「どうなろうとわたしは知りません」「わたしに責任とらせないでくださいよ」ということです。さらに、このような言い方で、「わたしのほうが優れている」「わたしは、あなたが間違っていることを知っている」と言うことも伝えています。

62 「ええっ？」「はあぁ？」「はいはい」

シーン1でもとりあげましたが、特に、目上の人に言うべきではありません。相手に伝わるメッセージはただひとつ、「わたしは、あなたを軽く見ています」ということなのですから。

と、わかっていても、つい、こうした言い方をしてしまうのは、ひとことで言えば、ささやかな抵抗、ささやかな自己主張のなせるわざです。プライドと能力のバランスのとれていない（もちろん、プライドのほうが高すぎる）人に多いとは思うのですが、いかがでしょうか。

63 「できません！」「無理です！」と言下にはねつける

一般には、有能な、競争的なスタッフ、特に女性によく見られがちな反応です。こういう言い方ではねつけておきながら、あとで無理して仕上げたり、予定を調整して、なんとかやってみようとします。が、はっきり言って、損です。どうせするなら、仕事は、最初から気持ちよく受けたほうが得策です。

ただし、「わたしは、こんなに頑張っているんです。こんなに優秀です。わたしでなければ、こんな無理な課題、こなせませんよ」ということをアピールするには、いい方法かもしれません。別にそれで、好かれるわけではありませんが。

64 「みんな、たいへんなんですから」「ぼくはいいんですけれど、みんなが」「そういうことは、おっしゃらないほうがいいと思います」などと進言する

ひょっとしたら、同僚思いのヒーローのつもりかもしれませんが、言われた側は、ただただ目障りなヤツだ、と思うだけでしょう。要するに、「わたしたちは、あなたの被害者です。**あなたが加害者です**」と言っているわけですから。

ここで、覚えておくべき肝心なことは、上司は、部下が思っている以上に孤独であり、**上司もまた、部下の被害者だと思っている**、ということです。上司だって、実は、助けてほしい、と思っているのです。

ということで、あなたがいちばん言いたいこと、つまり、「ほんとうは、みんなのことはどうでもいい、実はわたしがつらいんです」ということ、あるいは、「わたしは正しくて、勇気のある人です。わたしを目にかけてください」ということは伝わらないのです。

65 挨拶をしない
言うべきことを言わない

最初のシーンでもとりあげましたが、特に、上司と部下の関係では重要です。挨拶をしない。あるいは、顔を上げないで挨拶する、立ち上がらずに挨拶する。それだけで、左遷されるに十分のことすらあることを忘れないでください。もちろん、公式には別の理由が用意されるでしょうが。

さらに、お礼、謝罪、失敗の報告、経過の報告、結果の報告など、必要なことを言わない、あるいは、言うのが遅れるということは、それだけで、相手に、「わたしは、あなたのことを上司として認めていません。**わたしは、あなたを軽視しています**」というメッセージを与えているのです。たとえ、それが、恐れや緊張からきているものであったとしても。

上司もまた、部下にどう思われているかを、本人も気づかないレベルで、気にしていることを忘れないでください。

66 「部長が言ってました」「社長はこうおっしゃっています」とさらに上の上司のことを引き合いに出す

あなたはただ、自分を守りたいがためにそう言うのでしょうが、相手に伝わるのは、「あなたは間違っている」という強烈な**「脅迫」**であり、「わたしにとって、あなたは、重要な存在ではありません」というあからさまな**「軽視」**です。

いずれにしろ、自分の意見の正当性を示すために、誰かのことばを引用したり、権威のある別の誰かの意見を持ち出すのは、よく用いられる方法ですが、相手に好かれないための王道でもあります。

67 「ごくろうさまです」「よく頑張られますね」「よくいらっしゃいました」「賛成です」「あなた」「わかりました」「すみません」

いずれも、目上の人にはつかわない言い方です。

「ごくろうさま」は、使用人や配達の人に言うことば。したがって、一般的な目下の人や対等な立場の人にも言わないほうがいいでしょう。この場合、一般には、「お疲れさまでございます」「お世話さまでございます」などと言います。が、目上の人、ことに上司に対しては、こういうことばそのものが似合わないとも言えます。

「よく頑張られますね」などと、敬語をつかってもだめ。頑張る、ということば自体が、「実力以上のものを出そうとしている」という印象を与えます。何より、頑張るとか一生懸命やっているとか、よく働きますねとか、すべて**評価する側が言うことば**です。

「よくいらっしゃいました」も、目上の人には言ってはいけないことば。「いらっしゃいませ」と言うべきです。

「賛成です」「わたくしも同じ意見です」というのも、同等か目下の人に対して言うことばです。目上の人に対しては、「おっしゃる通りです」と言わなければなりません。

「あなた」は、一般的な呼称ですが、目下の人に対してつかわれることのほうが多いようです。もちろん、目上の人に対して言うなど論外です。

「わかりました」というのも、間違いではありませんが、**偉そうな印象**を与えます。目上の人には、「承知いたしました」「かしこまりました」と答えましょう。

また、ミスをしたときに、「すみません」と言うのは、間違いではありませんが、十分ではありません。「申しわけございません。わたしの失敗です」ときちんと非を認めるのが、社会人の謝り方です。

と、このように、一般には目上の人にはつかわないとされる言い回しがいくつかあるのですが、それを知らないまま、相手に、「わたしはあなたを上司としては認めていません。ほんとうは、わたしのほうが偉いんです」というメッセージを送ってしまっていることがよくあります。

けれども、実は、まったく気がついていないというのは嘘で、やはり、知っているのです。心の中では、「わたしだって、優秀なんです」「わたしのほうがほんとうは偉いんです」と思っているのです。

つまり、**相手を否定するというより、自分を主張することに精いっぱい**のゆえについ言ってしまうことばなのですが、それは、相手には、**「比較」**と**「競争」**の原則から、自分を否定する言葉に聞こえてしまうのです。

68 敬語をつかわない

たとえ、目上の人が、「仲間だと思ってつき合ってくれ」と言ったとしても、それを真に受けて、友人と同じようなことばづかいをしてはいけません。

「仲間だと思ってつき合う」というのは、たとえば、明らかに上司が指示を間違えたことがあとで判明した場合、堅い上司になら、「申しわけございません。○○とおっしゃったように記憶しておりました。わたくしの記憶違いでございました」と言うべきところを、「○○とおっしゃったじゃございませんか」ぐらいまでくだけて言ってもいいということであって、「○○って言ったじゃないですか」と言ってもいいということではないのです。

要は、かなめかなめで、きちんと敬語をつかうかどうかです。目上の人に敬語をつかわないこと、イコール、「**わたしは、あなたを尊敬していません。**わたしにとって、あなたは、どうでもいい人です」というメッセージになります。

㊴ 尊敬語と謙譲語を間違える

目上の人であってもあえて敬語をつかわないというのなら、それはそれで、相手にあなたの意図したものは伝わります。つまり、「わたしは、あなたを上司として（教師として、先輩として、そのほか、敬うべき人として）認めません」というメッセージです。それは、相手の誤解ではありません。

ところが、礼を尽くしているつもりなのに、それが、まったくの逆効果となって、「わたしはあなたを認めません」というメッセージを伝えてしまっていることがあります。つまり、つかいたくても敬語がつかえないのです。

この場合、敬語をまったく知らないというより、**尊敬語と謙譲語を間違える**、ということのほうが多いようです（蛇足ながら、尊敬語というのは、相手を立てて言うことば、謙譲語とは、へりくだって言うことばです）。代表的な例をあげてみましょう。

×「お飲物は、コーヒーにいたしますか、紅茶にいたしますか？」
○「お飲物は、コーヒーになさいますか？　紅茶になさいますか？」
○「コピーは、Ａ４でいたしましょうか？　Ｂ４にいたしましょうか？」
（「いたす」は「する」の謙譲語。「なさる」は尊敬語）

×「例の書類と申しますと？」
○「例の書類とおっしゃいますと？」
○「先日申し上げたのがこの書類です」
（「申す」は「言う」の謙譲語。「おっしゃる」は尊敬語）

×「その件につきましては、営業の佐藤に伺ってみてください」
○「その件につきましては、営業の佐藤にお聞きになってください」
○「その件につきまして、社長にお伺いいただけませんでしょうか？」
（「伺う」は「尋ねる」の謙譲語。「お聞きになる」が尊敬語）

×「明日は、社におりますか?」

○「明日は、社にいらっしゃいますか?」

○「明日は、一日、社におります」

(「おる」は「いる」の謙譲語。「いらっしゃる」が尊敬語)

×「明日までに、この報告書を拝見していただけますでしょうか?」

○「明日までに、この報告書をご覧いただけますでしょうか?」

○「はい。拝見いたします」

(「拝見する」は「見る」の謙譲語。「ご覧になる」が尊敬語)

×「新入社員候補が来ていますが、お目にかかりますか?」

○「新入社員候補が来ていますが、お会いになりますか?」

○「ただいま、課長がお目にかかります」

(「お目にかかる」は、「会う」の謙譲語。「お会いになる」が尊敬語)

×「鈴木さまでございますね」
○「鈴木さまでいらっしゃいますね」
○「山田でございます」
（「ございます」は、自分の行為や客観的な事柄を丁寧に言うときの「です」の丁寧語。

この場合は、「いらっしゃる」が尊敬語）

本書の目的は、単に、正しいことばづかい、オフィスことばのマナーを羅列するものではなく、いわば、ことばの表面ではなく、裏側の意味を伝えるものですので、このへんでやめておきます。ここまで読んで心配になった方は、敬語やオフィス用語の本を別に購入されることをお勧めいたします。

scene4

夫婦・家族の間で

70 「ぼくはたいへんなんだ」「あたしだって忙しいのよ」

どちらがたいへんかということを主張し合って、用事を押しつけ合う、というのは、夫婦の間でよく見られる現象です。この場合、注意しなければならないのは、ほんとうに、そのことができないほどたいへんなのではなくて、相手と比べて自分が損してしまうのではないかという思いがあるから。そして、もっと思いやりをもってくれるべきではないかという日常の配偶者の態度に対する不満があるからです。

つまり、両者が言いたいのは、「もっとわたしのしていることを認めてください。わたしのことを認めてください」ということ。これが他人同士なら、おだてたりすかしたり、気遣ったりして、うまくお互いを活用していくのでしょうが、夫婦や家族の間では、つい甘えが出てしまうのでしょう。ほんとうは、いちばん嫌われて困るのが、家族であり、配偶者だと思うのですが。

71 「どうせ、きみには言ってもむだだね」「どうせ、あなたは、そういう人ですからね」と、切り捨てた言い方をする

他人との間では、あえて相手を不快にさせることを覚悟でしかつかわれないことばが、親子や夫婦の間では日常的につかわれている、ということがよくあります。これもそのひとつです。親子や夫婦の間では悪気はない、というわけではありません。やっぱり、相手を不快にさせることを意図しています。

「わたしはあなたの百万倍も不快なんだから、あなたも不快になりなさい」ということを伝えたいからです。これもまた、**日常生活の中で蓄積した不満の表現です。**

もちろん、ほんとうに伝えたいのは、「だから、もっとわたしのことを理解してください。大事にしてください」ということ。相手に心の余裕があれば、十分に察してくれるでしょうが、たいていは、自分も相手に、大事にしてほしい、傷ついているのはわたしのほうだ、と思っているので、もっと大きな仕返しを食らうだけです。

72 「いつだって、そうなんだから」「たまには、○○ぐらいしてくれたっていいじゃないか」と責める

たとえば、家庭の中でいつも自分のほうが割の合わない役を背負わされていると感じているとします。自分がやっている割には、相手は自分のためにしてくれない。たまには、そっちから、「後片づけをしようか」と言ってほしい。自分から進んで靴を磨いてほしい。

そういう場合、「今日は、あなたが片づけてよ」と言えばいいものを、多くの場合、我慢に我慢を重ねた後に、ついに爆発。「あなたって、昔からそういう人よ」「たまには、やってくれたって罰は当たらないと思うけど」と、相手を非難することになります。

相手に余裕があれば、「ああ、気がつかなくてごめん」ですみますが、たいていの場合は、「なんだ、その言い方は」「だったら、最初から、言えばいいじゃないの」と喧嘩になります。喧嘩になるのはいいほうで、多くの場合、今度は相手がそのセリフを頭の中で繰り返します。

どうして、こういうことが起こるのかというと、基本的にわたしたちは、人にものを頼むのが苦手だからです。心のどこかで、**「むやみに人にものを頼むべきではない」**と思い込んでいるからです。別に、相手の迷惑を思いやってのことではなくて、断られて、不快になるのがいやだからです。**つまり、断られる＝自分のすべてが否定される**ことだ、と思い込んでいるからです。

だから、できるだけ、相手に頼むのではなく、**相手に悟らせよう**とします。いかにもたいへんそうに溜息をついてみせたり、婉曲的に嫌みを言ってみたり、それでも、相手が気がつかないと、「なんて、思いやりのない人だ」ということになる。その怒りがたまったところで、爆発。相手を非難し、怒ることで、相手にしてほしいことをやらせようとするわけです。かくして、結局、**最後の最後まで相手に頼むことだけは回避**します。

この場合、本人が言いたいことは、当の何かをしてほしいということではなくて、要するに、**「わたしをもっと大切にしてください」**ということなのですが、もちろん、相手には、そんなことは伝わりません。伝わるのは、「おまえは人でなしだ」という非難だけです。

73 「○○しろ」「○○しといて」といきなり命令する

批判がましく相手にものをさせようとするのと同じくらい、頭ごなしに、何かを命令するというのも、夫婦の間では避けるべきです。なぜなら、命令というのは、上下関係の中にあるコミュニケーションの形態だからです。「○○しろ」というのは、その○○をしてほしいという以前に、「わたしはあなたより上です。わたしのほうが偉い。あなたはわたしに従うべきだ」ということを示すためにつかわれます。

これも、元をたどれば、「だから、わたしのことを認めてください。大事にしてください」という願いから生じるもので、ことに、なぜか勝っていなければ自分の立場がなくなってしまう、男のほうが女より優れていなければならないと思いこんでいる男性に、よく見られる言動です。

が、女性の側が、「強くリードしてくれる男性が好き」などという幻想に惑わされているのは、恋愛時代のこと、それすら最近はめっきり少なくなりました。

夫婦の間に、上下関係を持ち込むと、持ち込む人は、結局、ほんとうに求めるものを最後まで手にすることができなくなります。つまり、無条件の愛、ありのままの自分を受け入れてもらうということができなくなります。

74 「あなたは、〇〇すべきだ（よ）」

これも、前項と同じ。ほんとうに言いたいのは、「〇〇してほしい」、つまるところ、「もっとわたしのことを大事にしてほしい」ということです。

「あなた」が、「夫だったら」「男だったら」「妻だったら」「親だったら」「子どもだったら」に、置き換えられる場合もあります。いずれも、「〇〇すべき」という**正当な一般論を持ち出して、相手の非を責めているの**が特徴。それが**正当で反論の余地のないものであればあるほど、相手は不快**になります。

この場合、「わたしは、あなたに〇〇してほしい」、あるいは、「あなたが〇〇しないのでわたしは悲しい、いやだ」と、素直に言えばいいのです。プライベートな場だからこそ、たとえ、その「〇〇」が理不尽なことであったとしても、受け入れられる可能性はかなりあります。

75 「○○さんの家では」「わたしの父（母）なら」「○○さんの子は」などと比較する

シーン1でもお話ししたように、誰かと比較するというのは、それ自体、相手との距離を広げる行為です。

76 「後にしてくれ」などと言って話を聞かない

話を聞かないというのは、返事をしないのと並んで、最大級の「**無視**」のメッセージです。コミュニケーションとは関わりであり、会話とはその手段である以上、話を聞かないということは、関わりをもつ意志がないことの表明であり、返事をしないということは、関わりを絶つことの表明だからです。そんなつもりはなくて、ただ疲れているからだとしても、相手に伝わるメッセージはそれです。

実際、聞くほどでもない話なのかもしれませんが、たいしたことではない話を家族があなた以外の人にするようになることが、あなたの望むことなのでしょうか？

コミュニケーションというと、話の内容こそが大事だと思われがちですが、特に、プライベートな関係では、話の内容など実は何でもいい。会話を交わしているというそのこと自体、自分の話が相手に聞かれているという体験にこそ価値があります。

77 何かをしながら、話を聞く 顔を見ないで、話を聞く

これは、「話し方」ではなくて、「聞き方」なのですが、あげておきます。会社などで、部下が上司に対して、してはいけないことは誰でもわかっていると思いますが、家族の間でもするべきではないことは、知らない人が多いようです。

本人が思っている以上に、相手に不快感を与えます。つまり、相手が「自分の話はまともに聞かれない」「相手にとって自分はあまり重要な存在ではないらしい」「自分は受け入れられていない」という感情をいだきます。

いつも、こうした態度でしか親に話を聞いてもらえない子どもは、慢性的潜在的に、「自分は受け入れられていないのかもしれない」という不安をいだくことになります。

夫婦の間でも同様で、「顔を見ない」ことの蓄積が、いずれ何かをきっかけに、離婚へと結びついても不思議ではありません。

どうして、わかっていながら、こういう話のしかたをすることになってしまうのでしょうか？　いくつかの理由があるでしょうが、たいていの場合は、相手に不快感を与えるためにやっているのです。

つまり、小さな仕返しです。それと、自分をもっと認めてほしいというささやかな欲望であり、自分が思うように認めてもらえないことに対する抵抗です。

でも、場合によっては、相手の顔を見ると自分が不快になるので、見ないようにしている、というケースもあるかもしれませんが……。

78 「だめな人ね」「だめな子ね」と、突き放したように言う

他人に対しては、一部の上司や教師が部下や生徒に対して言う以外、あまり聞かれない（つまり、相手に対するダメージが大きいことを知っているからですが）のに、家族に対しては、平気でつかわれているのではないでしょうか。

相手に失望しつつ、そういう相手を、配偶者や子ども、あるいは親としてもっている自分に対する失望、苛立ちという、相手との分離しきれない関係があればのことなのでしょうが、言われた側にとってのダメージは、他人から言われるのと同様、あるいは、それ以上のものがあります（もちろん、口調や状況によっても異なりますが）。

子どもは、エヘへと頭をかきながら、「自分はダメな子だ」「自分は何をやってもダメな人間だ」という思い込みを少しずつ強めていくことは想像に難くありませんが、実は、大人も同じなのです。

79 誉めない

シーン2の「目上の人から目下の人へ」のところでも、同じ項目をあげましたが、もし親が子どもをほとんど誉めないとしたら、子どもの順調な発達は望めないでしょう。子どもの親に対する信頼や素直な愛情表現も望めないでしょう。同じことが、夫婦関係にも言えます。ところが、この当たり前のことが、子どもにはできても、配偶者にはできない、という人がたくさんいます。夫は、妻の髪型が変わろうが、エステの効果が出てこようが、気がつかない。妻は、夫をほかの誰かの夫と比べてばかにしてばかり。

なぜ、誉めることができないのかと言えば、第一には、すでにお話ししたように、そもそも相手をろくに見ていないからです。第二に、よいところより悪いところについ目がいってしまうから。そして、最後に、自分が誉めてもらおうとすることに一生懸命で、相手を誉めることなど思いつきもしないからでしょう。

80 感謝の気持ちを伝えない

家族のように、日常的な生活の場では、相手が何かしてくれることは、「当たり前」。その分、自分だってやっている。だから、感謝の気持ちを伝えるなんて、とんでもない。と思っているのかどうかわかりませんが、たとえば、冠婚葬祭、引っ越しなどの、たいへんなことがあったあとでも、相手をねぎらわない人々がたくさん存在するようです。

女性の場合は、「相手が言ってきたら、わたしも言ってやってもいい」と思っていることがよくありますが、たとえ、夫が言うようになったとしても、「だったら行動か形で示してほしい」と思うようになるだけでしょう。

男性の場合は、いちいち口に出さなくたってわかるはずだ、という理由で、感謝のことばを言わない自分を正当化しているようですが、どんなに親しくても、やはり、思っていることは、口に出さなければ伝わらないのです。

81 いたわりのことばをかけない

たとえば、相手が体調が悪いと言っても、いたわるどころか、自分だって、ほんとうは体調が悪いんだと、体調の悪さを競ったり、体調を壊すほうが悪いんだ、とばかりに、相手を責めることすらあります。口に出して、責める人は少数派かもしれませんが、心の中で思う人は、多数派です。なにしろ、家族の場合、たいてい、みんなそろって、体調が悪くなりますから。

つまりは、みんな、「自分を認めてほしい」と思っているのです。感謝のことばや賞賛のことば、いたわりのことばによって、そのことを確認したいのです。他人には言えても、家族には言えないのは、そのお互いの思いが交錯しているからなのでしょうが、むしろ、他人には言わなくても、家族には言うべきなのです。

82 誕生日おめでとうと言わない

言わないというより、忘れてしまうということでしょう。誕生日を忘れられるというのは、思っている以上のショックを相手に与えるようです。こちらにとっては、「つい、うっかり」のことであっても、相手にとっては、「ついうっかり忘れてしまうくらい、あなたにとってわたしは重要な存在ではない」ということになってしまいます。

実際、そうなのかもしれません。なぜなら、相手の歓心を買うことに夢中だった恋人時代には、決して忘れることはなかったはずですし、子どもの成長を毎日毎日、楽しみにしていた幼児時代に、子どもの誕生日を忘れることなど考えられなかったでしょうから。

もし、うっかり忘れてしまったのなら、それが決して、相手を好きでなくなったからではないこと、「わたしにとって、あなたは、いちばん大切な人です」ということを、かなりのエネルギーをさいて、伝える必要があるでしょう。

83 好きだと言わない

この章では、夫婦を中心に、家族の中で、特に不協和音を創り出しがちなコミュニケーションの現状について、代表的な「話し方」をあげていくつもりでしたが、話し方というより、そもそも、言うべきことを言わない例のほうが多くなってしまいました。

それらをひとことで言ってしまえば、**「ポジティヴ・インテンションがない」**ということです。相手に対する関心、相手を喜ばせようとする意図がない、あるいは、表現されない、ということです。

これは、家族に限らず、コミュニケーションすべてに言えることではありますが、家族にそれがない場合、その不満は、その人の社会生活すべての局面に反映されます。家庭内の不幸なコミュニケーションが、その人のすべてのコミュニケーションを不幸にします。

わたしたちが求めていることは、それほど大それたことではなくて、自分の話が最後まで関心をもって聞かれること、顔をちゃんと見てもらえること、自信をなくしたときには誉めてもらえること、つらいときにはいたわってもらえることです。

そして、ありのままの自分を受け入れてもらうこと、もっと簡単に言えば、いいところも悪いところも全部ひっくるめて、好きでいてもらうこと、そして、それを伝えてもらうことです。

「あなたって、ほんとうにダメな人。でも、大好き」「隣の奥さんってほんとに美人。でも、きみが好き」「何度言ってもわからない子。でも、大好き」「ほんとうに嫌なオヤジ。でも、大好き」「わがままでうるさいオフクロ。でも、大好き」。

このままを口に出すことは無理でも、相手に、「好きだ」ということを、折に触れて伝えていくだけで、わたしたちのコミュニケーションのすべてが、幸福なものになるのではないでしょうか。

解説

本書をお読みになればおわかりのように、わたしたちは、ことばそのものに反応しているのではなく、そのことばに対して、自分が与えている「意味」に反応します。その「意味」の背景には、その人のこれまでの「歴史」が深く関わっています。

たとえば、学校生活を通じて、仲間外れにされることの多かった人は、「きみもやるの?」という誘いのことばの裏に、「まさか、きみもやるなんて言うんじゃないだろうね。ぼくたちは、ごめんだよ」という「意味」を感じとってしまいます。

逆に、常に、リーダー格でいたような人にとっては、たとえ、誰かが内心断ってくれることを望みながら、「きみもやるの?」と言ったのだとしても、そんなことは夢にも思わず、「もちろんさ!」と答えることでしょう。

多くの誤解は、こうした「意味」の違いが明らかにされないまま(というより、本人にも自覚されないまま）、コミュニケーションが交わされることから生じます。

が、一方、それ以上に多くの「誤解」が、ことばに、それが本来担う以上の「意味」を付加しようとすることから生まれているようです。

たとえば、「そこにあるボールペンをとって」と頼むことにも、そこに、自分のほうが上だ、というメッセージをこめることができます。さらに、その奥には、「わたしのことを大事に扱ってくれ」という願いまで含まれます。

逆に、誰かが純粋に、「そこにあるボールペンをとって」とお願いしたのだとしても、ある人は、そこに、自分が家来扱いされているような「意味」を感じとり、わざとぞんざいに投げて渡したりします。

何気ないことばのやりとりの裏側で、当の本人たちも気づいていないような、さまざまなドラマが繰り広げられているのです。

このように、「ことば」とそれに付加される「意味」との関係は、多分に個人的なものなのですが、頻度の高い、つまり、一般的な関係もあります。本書は、その一般的な「意味」について、解説したものです。すべてのことばの意味がすべての人に当てはまるわけではなく、また、状況によっても異なるでしょうが、一般的には、このような「ことばと意味の関係」があり、それがいたるところで、小さな諍いの種となっているのです。

諍いを促す「意味」には、いくつかのパターンがあります。

1 **一般化**（あなたは、特別な存在ではありません）
2 **陳腐化**（あなたは、とるに足らない存在です）
3 **差　別**（わたしとあなたは違います）
4 **比　較**（あなたは、わたし（ほかの誰か）より、劣っている）
5 **上　下**（あなたより、わたしのほうが上です）
6 **勝　敗**（あなたより、わたしのほうが偉い。優れています）
7 **評価・忠告・批判**（あなたは十分ではありません）
8 **疑　い**（あなたのことは信頼できません）
9 **否　定**（あなたは、間違っています）
10 **被害者**（あなたは、わたしたちの加害者です。あなたが悪い）

11 **自己正当化**（わたしは正しい。わたしは間違っていません）
12 **脅　迫**（もし、○○なら、悪いのはあなたです）
13 **拒　絶**（わたしはあなたが嫌いです）
14 **無関心・無視**（わたしはあなたに関心がありません）
15 **孤立化**（みんな、あなたが嫌いです）

相手のことばの裏に、こうした「意味」を感じとったとき、人は、不快になり、ある人は落ち込み、ある人は仕返しを試みます。

そして、これらの「意味」は、実は多くの場合、受け取る側の「誤解」というより、言う側が百も承知で（少なくとも無意識のレベルでは）、伝えているものなのです。

では、なぜ、わざわざ、相手をおとしめ、自分から嫌われるようなことを言うのかといえば、本文中でも度々触れているように、それ以上に優先させているものがあるからです。

それは何かといったら、**「勝つこと」**です。少なくとも**「負けないこと」**です。そうでなかったら、自分の価値がなくなってしまうという、根拠のない恐れのためです。そして、相手から自分を守ることです。脅かされる前に、相手から**自分を守る**ためです。

ここで、自分が勝つということは、相手が負けるということであり、相手に脅かされないよう自分を守るということは、自分が相手を脅かすことである、という自明のことは、忘れ去られます。

つまり、相手を拒否するつもりも、おとしめるつもりも、傷つけるつもりもなかった、でも、自分を守り、自分は価値ある存在だということを主張していたら、結果としてそうなってしまった、というのが、おおよその現状でしょう。

これが、わたしたちのコミュニケーション上のちょっとしたトラブルの真相です（もちろん、そうでないものもありますが）。

では、なぜ、そうまでして、自分を守り、主張しなければならないのか、といえば、そうでなかったら、相手に受け入れてもらえない、と思っているからです。

つまり、「わたしは正しい。わたしは間違っていない」という主張には続きがあります。「だから、わたしのことを受け入れてください」というものです。

もちろん、相手もまた、自分を守り主張することに精いっぱいである以上、こういう方法では、その願いが受け入れられる確率は、非常に低いのですが。

かくして、「わたしは、こんなにやっているのに、みんな受け入れてくれない。わたしは、誤解されやすい」という悲劇が続きます。

コミュニケーションというと、あまりにも身近すぎて、とかくぞんざいに扱われがちですが、こうした小さな行き違いの積み重ねが、人の間の距離を広げたり、好き嫌いの感情を生み出します。

それはときに、仕事を左右し、政治を左右し、歴史を動かします。それ以上に、わたしたち一人ひとりの人生の幸福感に大きく影響します。というより、毎日のコミュニケーションが幸福なものであるかどうかが、人生が幸福なものであるかどうかのすべてだと言っても過言ではないでしょう。

ささやかな本ではありますが、本書が、わたしたちの幸福なコミュニケーションと幸福な人生の助けとなることを願っています。

ディスカヴァー携書　014

なぜか好かれる人の話し方
なぜか嫌われる人の話し方

発行日　2007年11月15日　第1刷
　　　　2009年 8 月10日　第2刷

Author　ディスカヴァー・コミュニケーション・ラボラトリー

Book Designer　遠藤陽一（DESIGNWORKSHOP JIN,Inc.）

Publication　株式会社ディスカヴァー・トゥエンティワン
〒102-0075　東京都千代田区三番町8-1
TEL　03-3237-8321（代表）
FAX　03-3237-8323　http://www.d21.co.jp

Publisher & Editor　干場弓子

Promotion Group Staff　小田孝文　中澤泰宏　片平美恵子　井筒浩　千葉潤子
飯田智樹　佐藤昌幸　鈴木隆弘　山中麻吏　空閑なつか
吉井千晴　山本祥子　猪狩七恵　山口菜摘美　古矢薫
井上千明　日下部由佳　鈴木万里絵　伊藤利文

Assistant Staff　俵敬子　町田加奈子　丸山香織　小林里美
井澤徳子　古後利佳　藤井多穂子　片瀬真由美
藤井かおり　福岡理恵　上野紗代子

Operation Group Staff　吉澤道子　小嶋正美　小関勝則

Assistant Staff　竹内恵子　熊谷芳美　清水有基栄
鈴木一美　小松里絵　濱西真理子

Creative Group Staff　藤田浩芳　千葉正幸　原典宏　篠田剛　三谷祐一
石橋和佳　大山聡子　田中亜紀　谷口奈緒美　大竹朝子
河野恵子　酒泉ふみ

Proofreader　株式会社文字工房燦光

DTP　谷敦

Printing　共同印刷株式会社

ISBN978-4-88759-595-8

携書フォーマット：長坂勇司